queijos
VEGANOS

TEXTO E FOTOGRAFIAS DE
MARIE LAFORÊT

TRADUÇÃO DE
ERIC HENEAULT

Marie Laforêt é fotógrafa de formação e vegana por paixão. Desde 2009, dedica-se ao blog 100 % Végétal (em francês), onde compartilha com seus leitores suas descobertas culinárias e as lindas imagens que faz das receitas que prepara. Comprometida com o desenvolvimento e a promoção de uma culinária ética e responsável, participa de projetos comunitários e colabora com frequência com a revista *VegMag*.

Copyright © 2014 Éditions La Plage, Paris
Copyright da tradução © 2015 Alaúde Editorial Ltda.
Título original: *Fromages vegan*

Todos os direitos reservados. Nenhuma parte desta edição pode ser utilizada ou reproduzida – em qualquer meio ou forma, seja mecânico ou eletrônico –, nem apropriada ou estocada em sistema de banco de dados sem a expressa autorização da editora.

O texto deste livro foi fixado conforme o acordo ortográfico vigente no Brasil desde 1º de janeiro de 2009.

Preparação: Shirley Gomes
Revisão: Claudia Vilas Gomes, Bóris Fatigati
Adaptação de capa: Rodrigo Frazão
Impressão e acabamento: Ipsis Gráfica e Editora

1ª edição, 2015 (1 reimpressão)
Impresso no Brasil

Dados Internacionais de Catalogação na Publicação (CIP)
(Câmara Brasileira do Livro, SP, Brasil)

Laforêt, Marie
    Queijos veganos / texto e fotografias de Marie Laforêt ; tradução de Eric Heneault. -- São Paulo : Alaúde Editorial, 2015.
    Título original: Fromages vegan.

    ISBN 978-85-7881-288-1

    1. Culinária vegetariana 2. Queijos I. Título.

15-02608   CDD-641.6

Índices para catálogo sistemático:
1. Queijos : Receitas : Culinária 641.6

2015
Alaúde Editorial Ltda.
Avenida Paulista, 1337
Conjunto 11, Bela Vista
São Paulo, SP, 01311-200
Tel.: (11) 5572-9474
www.alaude.com.br

Compartilhe a sua opinião
sobre este livro usando a hashtag
#QueijosVeganos
nas nossas redes sociais:

/EditoraAlaude
/EditoraAlaude
/AlaudeEditora

SUMÁRIO

Introdução **5**
Um pedaço dos queijos vegetais **7**
Ingredientes básicos **8**
Textura é importante **10**
Realçando os sabores **12**
Para fermentar **13**
Técnicas e materiais **14**

GRANDES CLÁSSICOS EM VERSÃO VEGANA

Mozarela de bola **18**
Ricota de caju e soja **20**
Parmesão ralado **22**
Feta **24**
Cheddar **26**
Boursin **28**
Cancoillotte com alho **30**
Gouda com especiarias **32**

QUEIJOS FERMENTADOS

Queijo fresco de amêndoas **36**
Queijo de castanha de caju **38**
Tofu missozuke **40**
Sauerkraut Käse **42**
Queijo com duas pimentas **44**
Lingote italiano **46**
Crottin de amêndoas **48**
Queijo de kombuchá **50**

ESPECIALIDADES CASEIRAS

Queijo com homus **54**
Queijo de figo e nozes **56**
Queijo cremoso com echalota e ciboulette **58**
Fondue com vinho branco **60**
Tijolinho de tempeh **62**
Queijo com sementes e pinoli **64**
Molho para nachos **66**
Kimcheese **68**
Queijo com azeitonas e alecrim **70**
Minha receita de baechu kimchi **72**

INTRODUÇÃO

Querer fazer queijos sem laticínios pode parecer uma ideia bem estranha! Será que é mesmo possível? E é saboroso? Por que quem pretende eliminar os laticínios da alimentação vai querer comer queijo a qualquer custo? Os queijos vegetais despertam curiosidade ou dúvidas, e abrem o debate a respeito do consumo de laticínios. Seja por opção vegana, por alergia aos laticínios, por escolher uma alimentação mais saudável ou simplesmente pela curiosidade de descobrir novas possibilidades em termos de culinária, os queijos vegetais hoje atraem cada vez mais pessoas.

Após ter estudado algumas receitas de queijos vegetais, fiquei empolgada com a ideia de um livro inteiramente dedicado a esse tema. Por isso, desenvolvi novas receitas para aprofundar esse assunto tão apaixonante.

Assim, este livro é fruto de reflexões e experimentações ainda mais elaboradas, com receitas clássicas para substituir os queijos mais comuns na cozinha (mozarela, ricota, feta, cheddar, queijo fresco...), além de outras receitas pessoais, que fazem destes 25 queijos veganos uma descoberta surpreendente e até mesmo espetacular.

UM PEDAÇO DOS QUEIJOS VEGETAIS

A origem da palavra "queijo"

Na Antiguidade, o queijo era designado pela expressão latina *caseus formaticus*, ou seja, "leite coalhado em uma fôrma". A língua francesa preferiu a fôrma à matéria, e assim acabou criando a palavra *fromage*, do francês arcaico *formage*, derivado de *formaticus*, "que é feito em uma fôrma". O mesmo aconteceu com o italiano *formaggio*. Ao contrário, *caseus*, "leite coalhado", deu origem às palavras *cheese*, *queso*, *kaas*, *Käse* e queijo, assim como caseína (proteína do leite) em português. Seria impróprio chamar de queijo um alimento que não contém laticínios? Segundo a União Europeia, onde eu moro, sim. Contudo, as expressões "queijo vegano" ou "queijo vegetal" são adequadas para descrever esse novo tipo de queijo, ainda mais porque as mesmas técnicas de drenagem, fermentação e afinagem são usadas para fabricá-los.

Alguns esclarecimentos sobre os queijos veganos caseiros

Os queijos veganos caseiros são muito diferentes daqueles encontrados nas lojas. Embora seja possível utilizar em casa técnicas de afinagem mais longas, é necessário respeitar condições de higiene, temperatura e umidade bem precisas para garantir realmente a segurança alimentar, além de resultados estáveis. Por esse motivo, este livro não apresenta receitas de queijos afinados ao ar livre durante semanas. Privilegiei soluções simples e rápidas para criar queijos caseiros.

Com produtos de origem vegetal, podemos obter texturas e sabores interessantes, que se aproximam das texturas e dos sabores dos queijos de origem animal. É mais apropriado considerar esses queijos veganos como variedades de queijos e não como imitações dos originais. Entretanto, nas primeiras receitas deste livro, aparecem os termos "mozarela", "ricota" ou ainda "cheddar". A finalidade aqui foi propor alternativas a queijos muito utilizados na cozinha, para poder substituí-los com facilidade. Aliás, na culinária, esses queijos em geral são associados a outros ingredientes e não servidos sozinhos (mesmo que deliciosos por si sós!).

INGREDIENTES BÁSICOS

São as matérias-primas, aquelas que constituem a base dos queijos vegetais. Leguminosas e oleaginosas que permitem obter texturas bem diversas e se mostram polivalentes. De gosto bastante neutro, servem de base para diferentes sabores.

Soja

O leite de soja é o único leite vegetal que pode coalhar, como no caso do tofu, ao ser misturado com vinagre, suco de limão ou ainda nigari (subproduto do sal, com alta concentração de cloreto de magnésio). Essa propriedade da soja faz com que o tofu – um queijo vegetal em si – possa ser utilizado como matéria-prima para criar queijos frescos, como a ricota.

O tofu pode apresentar diversas texturas interessantes, mais firmes ou mais macias, por exemplo. O iogurte de soja, que contém lactofermentos, pode ter o gosto um tanto ácido, típico dos queijos fermentados, assim como o tofu lactofermentado.

Por fim, o tempeh, produto à base de sementes de soja fermentadas, também tem um leve gosto amargo, perfeito para queijos de sabor mais pronunciado.

Outras leguminosas

Ricas em proteínas e com texturas variadas, as leguminosas também devem ser exploradas na criação de queijos vegetais. Um dos meus alimentos prediletos é o tremoço, por seu sabor que lembra o queijo fresco, especialmente o feta. As feiras e os mercados comercializam tremoços na salmoura a granel, já os supermercados e as lojas da internet vendem tremoços em potes.

Castanha de caju crua

Não devem ser substituídas por castanhas de caju tostadas ou salgadas. É possível obter uma pasta, deixando as castanhas de caju cruas de molho e depois batendo-as com água. A partir dessa base, que também pode ser fermentada, existem inúmeras variações. A pasta de castanha de caju, bastante suave e com leve sabor de queijo, também é interessante por proporcionar gordura (muito importante na fabricação do queijo) e se incorporar facilmente aos molhos.

INGREDIENTES BÁSICOS

> **Outras oleaginosas**

Amêndoas em lascas, demolhadas e trituradas são usadas do mesmo modo que as castanhas de caju. A textura obtida é menos cremosa e mais grumosa, porém se revela interessante (especialmente para fazer os pequenos queijos crottins, assados no forno).

Por fim, o tahine (pasta de gergelim), de sabor mais pronunciado, também é usado com frequência nas receitas de queijos veganos caseiros. Existem ainda queijos à base de macadâmias cruas. Contudo, como são um pouco mais caras do que outros tipos de castanhas, resolvi não incluir receitas com esse ingrediente no livro.

TEXTURA É IMPORTANTE

Sozinhos ou combinados, estes ingredientes, com várias propriedades, permitem obter diferentes graus de firmeza e textura, de muito macia a firme. Contudo, dependem de temperaturas específicas e quase sempre precisam de tempo de descanso ao ar livre para serem eficientes. Assim, os agentes texturizantes raramente são usados nos queijos frescos ou nas receitas rápidas.

Ágar-ágar

Gelificante à base de alga, o ágar-ágar permite solidificar o preparo e, conforme a dosagem, criar blocos de queijo menos firmes ou até muito macios, como a mozarela. Única obrigação a respeitar: o ágar-ágar deve ser levado a temperaturas superiores a 80 °C para liberar seu poder gelificante, que produz efeito quando o preparo esfria. O queijo requer várias horas para ficar firme após cozinhar. O ágar-ágar pode ser encontrado em pó ou em sachês de fácil dosagem nas lojas de produtos naturais.

Óleo de coco refinado

Este óleo de coco orgânico é refinado para não ter nem o sabor nem o cheiro do coco. Porém conserva as mesmas propriedades que o óleo de coco natural e se solidifica abaixo de 25 °C. Essa propriedade permite integrá-lo como gordura aos preparos, de maneira que se pode fabricar queijos ao mesmo tempo firmes e macios. É preciso derreter o óleo de coco em banho-maria para poder incorporá-lo bem aos demais ingredientes. Também aqui, o preparo deve esfriar para ficar firme.

Féculas e farinhas

As féculas (amido) de mandioca, de milho (maisena), de batata ou de araruta têm exatamente o mesmo papel: o de dar liga e, sobretudo, ser espessante. A diferença diz respeito à capacidade de engrossar, que não é exatamente a mesma em todas as féculas (ou farinha, no caso da mandioca). Nesse caso, na hora de misturar os ingredientes, é preciso esquentar o preparo para que engrosse uniformemente por alguns minutos. Em caso de queijos mais moles, como a cancoillotte, ou do molho para nachos, bata rapidamente o preparo quando frio para que fique menos

TEXTURA É IMPORTANTE

firme. Por fim, se o cozimento passar do ponto e o preparo ficar muito espesso, basta acrescentar um pouco de líquido (água ou leite vegetal) para reaver a textura desejada, batendo com um mixer.

REALÇANDO OS SABORES

Levedura nutricional

Com sabor mais pronunciado e aparência mais escura, a levedura é um dos ingredientes principais para dar sabor de queijo. Incorpora-se perfeitamente aos preparos, mesmo frios. Quem gostar desse sabor pode aumentar um pouco a quantidade especificada nas receitas ou usar a versão maltada. Mas tenha cuidado para não exagerar ou a levedura pode tomar conta do sabor!

Suco de limão

O limão proporciona o sabor ácido e levemente picante que faz tanta falta aos ingredientes básicos e, ao mesmo tempo, realça os demais sabores. Atenção, porém, para não exagerar na dosagem. Em caso de texturas muito espessas, acrescente um pouquinho mais de água, mas não de suco de limão. O queijo com perfume de limão perde seu sabor de queijo! Use exclusivamente o suco de limão espremido na hora, nunca o suco pronto.

Missô

Este condimento japonês de uso geral e para o preparo de sopas e caldos também é muito apreciado na culinária vegetariana para perfumar molhos e preparos. O aspecto fermentado da pasta de soja é interessante, sobretudo para fazer o famoso tofu missozuke. Se o missô vermelho tem sabor parecido com o da carne na cozinha vegana, o missô branco, mais suave e claro, integra-se perfeitamente ao queijo, dando-lhe sabor suave.

Especiarias e condimentos

- Alho, cebola, chalota: in natura, servem para aromatizar os queijos frescos. Desidratados, são usados para proporcionar o sabor de queijo e devem ser acrescentados antes do cozimento.
- Mostarda: picante e ácida, deve ser usada com cuidado para realçar e afirmar o sabor sem perfumar demais o preparo.
- Ervas aromáticas: manjericão, cebolinha, estragão, tomilho, orégano ou ervas finas são usadas para aromatizar os queijos frescos ou cobrir os queijos moldados ou enformados.
- Pimentas e especiarias: utilize conforme o gosto para realçar ou perfumar.

PARA FERMENTAR

Rejuvelac

Bebida fermentada fabricada à base de cereais (ou de quinoa) germinados, o rejuvelac foi criado por Ann Wigmore, pioneira na alimentação viva e fundadora do famoso Hippocrates Health Institute. É usado para fermentar queijos à base de oleaginosas.

Receita do rejuvelac: em um vidro, misture um punhado de trigo germinado durante 2 dias (ou outro cereal germinado, como quinoa) com 1¼ xícara de água pura (evite usar água da torneira, que contém cloro). Tampe e deixe fermentar por 48 horas em temperatura ambiente. Filtre e conserve na geladeira (para interromper a fermentação). O líquido tem cor branca e leve acidez.

Caldo de chucrute

É o líquido resultante da fermentação do repolho. Utilizado por suas propriedades desintoxicantes e sua ação probiótica, também pode servir para fermentar queijos. Você pode comprar o pote de chucrute em qualquer supermercado e drenar o líquido para usar nas receitas.

Kombuchá

Bebida fermentada de gosto ácido obtida graças a um simbionte chamado "mãe de kombuchá", cultivado com chá (ou infusão de plantas) adocicado. Disponível em lojas de produtos naturais ou pela internet. Use de preferência o kombuchá natural.

Kimchi

Este prato tradicional coreano mistura legumes lactofermentados, temperos e pimenta. O kimchi de acelga (beachu kimchi) é o mais popular. Em geral preparado com molho de peixe, é possível encontrar versões veganas em lojas ou ainda prepará-lo em casa, como fazem os coreanos! (Veja minha receita de kimchi na p. 72.)

TÉCNICAS E MATERIAIS

Coalhadura/drenagem: usando peneira ou pano, é possível drenar o queijo fresco. O processo é idêntico ao dos queijos à base de leite animal.

Fermentação: deve ser feita em ambiente higienizado para não favorecer o desenvolvimento de bactérias nocivas. Portanto, é indispensável utilizar material bem limpo. Dê preferência aos recipientes de vidro em vez dos de plástico.

Moldagem/enformagem: aros de metal, pratos, tigelas, vários tipos de vasilhames servem para moldar ou enformar os queijos antes de irem à geladeira.

Cozimento/secagem/afinagem: a afinagem ao ar livre caseira é um tanto complexa, motivo pelo qual escolhi receitas de queijos que são secados no forno ou desidratador. Conforme as receitas, os queijos vão suportar relativamente bem temperaturas mais elevadas. Em caso de dúvida, acompanhe de perto o cozimento.

Como processar

Ao contrário das técnicas clássicas de queijaria, para fabricar queijos vegetais, os processadores e liquidificadores são essenciais. Segue-se um resumo dos diferentes modelos e seu uso.

• **Liquidificador:** com recipiente de vidro ou plástico encaixado em uma base, geralmente usado para preparar sucos e sopas. Pouco prático para picar e misturar pequenas quantidades ou texturas pouco líquidas.

• **Mixer:** processador de imersão, mergulhado diretamente no preparo. Em geral, usado para sopas e molhos, é perfeito para texturas levemente encorpadas ou até para triturar castanhas de caju inteiras. É o aparelho mais usado neste livro.

• **Processador:** aparelho clássico, com tigela grande e várias lâminas, para picar, fatiar, ralar etc. Permite processar grandes quantidades de ingredientes mais duros graças à sua lâmina básica em forma de S, que é maior e mais espessa que a do liquidificador ou do mixer.

GRANDES CLÁSSICOS EM VERSÃO VEGANA

MOZARELA DE BOLA

Ao mesmo tempo cremosa e firme, esta mozarela pode ser usada ao natural em saladas. Ela também derrete perfeitamente no forno por causa do óleo de coco. Sonhei com esta receita durante anos até poder finalmente compartilhá-la com vocês!

PARA 2 BOLAS / PARA 4 A 8 PESSOAS

- 125 g de tofu macio • 100 g de iogurte de soja • $2/3$ de xícara de leite de soja
- $1/2$ xícara de leite de arroz • 2 colheres (sopa) de suco de limão
- 2 colheres (sopa) de fécula de milho • $3/4$ de colher (chá) de ágar-ágar
- $3/4$ de colher (chá) de sal • $2/3$ de xícara de óleo de coco refinado

Bata todos os ingredientes, exceto o óleo de coco, no liquidificador ou no processador, por alguns minutos. Acrescente o óleo de coco previamente derretido em banho-maria e bata de novo até obter um creme liso.

Transfira o preparo para uma panela e cozinhe em fogo alto por 5 minutos, misturando com uma colher de madeira. O preparo deve engrossar e ter textura de creme bem espesso.

Despeje o creme em aros ou fôrmas. Para moldar as bolas, coloque-o em pequenas tigelas de fundo arredondado forradas com filme de PVC, dobrando as pontas sobre o queijo.

Deixe firmar na geladeira por 3–4 horas. Retire das fôrmas e use como a mozarela tradicional.

Dica de receita

Prepare uma deliciosa salada caprese com figos, usando por pessoa: 1 tomate, 1 figo maduro, meia bola de mozarela, um fio de azeite, um fio de vinagre balsâmico, ervas, sal e pimenta-do-reino.

No forno

Esta mozarela derrete perfeitamente e pode até ser gratinada. Assim, é ideal para rechear pizzas ou suculentas torradas assadas no grill.

RICOTA DE CAJU E SOJA

Queijo polivalente por excelência, ao mesmo tempo suave e cremoso graças à mistura de castanhas de caju e soja coalhada.

PARA 4 PESSOAS

- 150 g de castanhas de caju cruas • 1,5 litro de leite de soja natural
- 150 ml de suco de limão ou vinagre branco
- 1½ colher (chá) de sal • 2 colheres (sopa) de água

Deixe as castanhas de caju de molho em água por 4–6 horas. Escorra e bata as castanhas no processador com o suco de limão até obter uma textura granulosa, porém homogênea.

Ferva o leite de soja em uma panela grande (cuidado, pois o leite espuma muito ao ferver!). Dilua o suco de limão (ou o vinagre) e o sal na água. Quando o leite de soja ferver, retire a panela do fogo e acrescente a mistura de limão (ou vinagre). Deixe coalhar por 5–10 minutos. Despeje em uma peneira bem fina ou em uma peneira forrada com pano. Deixe escorrer por 15–20 minutos.

Em uma tigela grande, misture a coalhada de soja com as castanhas de caju batidas. Use na cozinha como a ricota ou no pão, com sal, pimenta-do-reino, ervas finas e um fio de azeite.

Saiba mais

Para fabricar este queijo, utiliza-se a mesma técnica de coalhadura do tofu.
A coalhada de tofu drenada pode ser usada sozinha, como uma ricota mais leve ou um queijo cottage. O uso de castanhas de caju deixa o queijo vegetal um pouco mais firme e cremoso. É perfeito para cozinhar porque não se desfaz ao esquentar. A castanha de caju proporciona um notável sabor de queijo.

Dica de receita

É perfeito para rechear canelones com espinafre e empadinhas, para tortas de legumes ou ainda para rechear quiches veganos.

PARMESÃO RALADO

Queijo pronto para o uso, indispensável e que se prepara em poucos minutos. A receita ideal para começar!

PARA UMA TIGELA PEQUENA / PARA 2 A 4 PESSOAS

- ¼ de xícara de castanhas de caju cruas • ½ xícara de amêndoas sem pele
- 2 colheres (chá) de gergelim • 1½ colher (sopa) de levedura nutricional
- 1 colher (chá) de sal marinho

No processador com lâmina em S, bata todos os ingredientes até obter um pó levemente granulado.
Este parmesão vegano pode ser conservado em recipiente hermético por uma semana na geladeira.

Saiba mais

As amêndoas e o gergelim tornam o parmesão especialmente rico em cálcio. Se usar somente castanhas de caju, a textura do parmesão vai ficar ainda mais fina e macia. Para tanto, substitua as amêndoas pela mesma quantidade de castanhas de caju.

Dica de receita

Prepare abobrinhas ou berinjelas gratinadas no forno, ou ainda conchiglioni recheados e salpicados com parmesão, levados para gratinar. Para fazer o molho pesto, bata azeite, manjericão fresco e um pouco de parmesão vegano. É perfeito para acompanhar massas integrais servidas com tomates-cereja cortados ao meio.

GRANDES CLÁSSICOS EM VERSÃO VEGANA

Com um sabor incrível e uma textura perfeita, esta é minha receita preferida. Este queijo vegano tem verdadeiro cheiro de queijo e é perfeito para que seus familiares e amigos descubram os queijos vegetais.

PARA 1 BLOCO GRANDE / 8 PESSOAS

- ⅔ de xícara de óleo de coco refinado
- 200 g de tremoços na salmoura descascados
- 100 g de tofu lactofermentado natural • ⅔ de xícara de leite de soja
- 2 colheres (sopa) de suco de limão • 1 colher (chá) de sal

Derreta o óleo de coco em banho-maria. Com um mixer, bata todos os ingredientes por 5 minutos até obter uma textura homogênea e o mais lisa possível.
Transfira essa mistura para uma pequena travessa retangular ou outra fôrma de sua escolha (forrada com papel-manteiga). Leve à geladeira por 12 horas para dar liga.
Use o queijo como o feta: em cubinhos na salada, com pão e azeite, para rechear legumes assados no forno...
Este feta pode ser conservado por uma semana na geladeira.

Saiba mais

Os tremoços na salmoura são indispensáveis para a receita. O gosto salgado dá um sabor muito parecido com o do queijo feta. O tofu lactofermentado proporciona a textura do queijo, além do gosto mais ácido, e o óleo de coco vai dar liga e deixar o queijo cremoso. Esses produtos são encontrados em boa parte das lojas de produtos naturais e também podem ser encomendados pela internet.

GRANDES CLÁSSICOS EM VERSÃO VEGANA

CHEDDAR

Este queijo saboroso e de linda cor substitui com perfeição o cheddar derretido em diversas receitas.

PARA 2 PEDAÇOS PEQUENOS / 8 PESSOAS

- 5 colheres (sopa) de óleo de coco refinado
- 140 g de tremoços na salmoura descascados
- 100 g de pimentão vermelho tostado sem pele • 2 colheres (chá) de mostarda
- 1 colher (sopa) de suco de limão • 1½ colher (chá) de sal
- 4 colheres (sopa) de levedura nutricional • 1 colher (sopa) de água
- 2 colheres (sopa) de pasta de castanha de caju
- 3½ colheres (chá) de ágar-ágar • ½ xícara de leite de soja

Derreta o óleo de coco em banho-maria. Coloque todos os ingredientes em uma tigela e bata durante alguns minutos com um mixer, até obter uma textura bem lisa. Em seguida, transfira a mistura para uma panela média, leve para ferver por 1–2 minutos, mexendo sem parar.
Despeje em fôrmas ou aros e deixe esfriar. Depois, coloque por 3–4 horas na geladeira para firmar.

Como servir

Corte em fatias finas ou em palitos antes de derreter. Para os hambúrgueres veganos, coloque uma ou duas fatias de cheddar sobre o hambúrguer vegano e deixe alguns minutos no grill para o queijo derreter.

Dica de receita

Faça batata ou couve-flor gratinada com cheddar; quiche vegana de cheddar e brócolis; nuggets de cheddar crocantes; quesadillas com abacate, cheddar e coentro...

BOURSIN

Com esta receita, você vai produzir um queijo fresco clássico, versátil, leve e bem cremoso. A combinação de amêndoas com castanhas de caju propicia um sabor sutil e uma textura perfeita.

PARA O QUEIJO

- 100 g de castanhas de caju cruas • 100 g de amêndoas em lascas
- ½ colher (chá) de sal • 1 colher (sopa) de levedura nutricional
- 2 colheres (chá) de suco de limão • ½ colher (chá) de vinagre

PARA SALPICAR

- 2 colheres (sopa) de cebolinha picada
- 1 colher (chá) de tomilho fresco picado • sal e pimenta-do-reino a gosto

Deixe as castanhas de caju e as amêndoas de molho em tigelas separadas por 12 horas. Em seguida, bata todos os ingredientes com um mixer. Sobre uma folha de papel-manteiga, disponha uma faixa de cebolinha, tomilho, um pouco de sal e pimenta--do-reino e espalhe por cima o queijo fresco. Enrole, formando um cilindro. Aperte as extremidades e coloque na geladeira por 2 horas no mínimo. Desembrulhe delicadamente antes de servir. O queijo embrulhado pode ser conservado na geladeira por 3 dias.

Como servir

O queijo pode ser consumido ao natural ou usado em pizzas, fatias de pão assadas no forno ou mesmo salpicado em pratos para gratinar. Não derrete, mas proporciona textura e sabor.

CANCOILLOTTE COM ALHO

Nunca antes encontrei uma versão vegana deste queijo francês clássico. Sua textura cremosa de queijo fundido é das mais interessantes.

PARA 1 TIGELA / 4 PESSOAS

- 1 xícara de leite de soja • 1 dente de alho pequeno picado
- 2 colheres (chá) de azeite • ½ colher (chá) de alho em pó
- 1½ colher (sopa) de fécula de batata • ½ colher (chá) de sal
- 1 colher (sopa) de missô claro • 4 colheres (sopa) de iogurte de soja
- 3 colheres (sopa) de pasta de castanha de caju, mais 1 colher (sopa) para misturar no final

Coloque todos os ingredientes em uma tigela e bata com um mixer por alguns minutos até obter uma textura bem homogênea.

Transfira para uma panela média e esquente em fogo alto, mexendo com um batedor de metal até ficar com uma textura de molho branco espesso. Deixe esfriar e bata de novo com o mixer, acrescentando 1 colher (sopa) de pasta de castanha de caju. Ajuste então o alho em pó conforme o gosto.

Mantenha por até 2 dias na geladeira.

Como servir

Ideal com torradas, batatas ou para pratos gratinados.

GOUDA COM ESPECIARIAS

Trata-se de uma variante bem particular do famoso queijo holandês com cominho. De textura firme, fica deliciosamente perfumado e suave.

PARA 4 PESSOAS

- 80 g de castanhas de caju cruas • 4 colheres (sopa) de levedura nutricional
- 1½ colher (chá) de cebola em pó • ½ colher (chá) de alho em pó
- 1 colher (chá) de sal • 1¾ xícara de leite de soja
- 8 colheres (chá) de ágar-ágar • 5 colheres (sopa) de óleo vegetal neutro
- 2 colheres (sopa) de missô branco • 2 colheres (chá) de suco de limão
- 1 colher (chá) de extrato de tomate • 2 colheres (chá) de cominho em grão
- 1 colher (chá) de sementes de nigela • uma pitada de pimenta-vermelha em pó
- pimenta-do-reino a gosto

Com um mixer, bata as castanhas de caju com a levedura, a cebola e o alho em pó e o sal. Reserve.

Bata juntos o leite de soja, o ágar-ágar e o óleo. Acrescente o missô, o suco de limão e o extrato de tomate. Transfira para uma panela e leve para ferver por 1–2 minutos, misturando sem parar.

Junte à mistura de castanhas e levedura e bata imediatamente. Coloque em uma tigela grande e acrescente as especiarias. Despeje em fôrmas ou aros e deixe na geladeira por 2 horas para ficar firme. Para enfeitar, fora das fôrmas, envolva os queijos em uma mistura de grãos de cominho e sementes de nigela, apertando bem para que não desgrudem. O queijo pode ser conservado até 5 dias na geladeira.

Como servir

Coma o queijo ao natural, fatiado em sanduíches, com bolachas de água e sal, ou ainda em cubinhos, como tira-gosto.

QUEIJOS FERMENTADOS

QUEIJOS FERMENTADOS

QUEIJO FRESCO DE AMÊNDOAS

Este queijo fresco serve de base para versões mais aromatizadas ou para outros queijos. O sabor das amêndoas demolhadas não é predominante. A textura, quase de musse, é especialmente agradável.

PARA 4 PESSOAS

- 125 g de amêndoas em lascas • 5 colheres (sopa) de rejuvelac (ver p. 13)
- sal a gosto

Deixe as amêndoas de molho em água de 12 a 14 horas.
Escorra a água e descarte. Com um mixer, bata as amêndoas e o rejuvelac. Coloque o preparo em um recipiente tampado e deixe fermentar em temperatura ambiente por cerca de 48 horas (24 horas se o tempo estiver muito quente ou até 72 horas se estiver frio). O queijo deve ganhar um leve sabor fermentado. Acrescente então o sal e coloque na geladeira antes de utilizar.

Saiba mais

As amêndoas são ricas em cálcio e este queijo é perfeito para substituir queijos de origem animal.

Dica de receita

Bruschetta com tomate-cereja e manjericão; torradas com pimentão grelhado e limão; patê de queijo fresco e azeitonas verdes; tortas salgadas com legumes grelhados; tomates recheados com queijo fresco e ervas; torradas com queijo de amêndoas, figos, avelãs e xarope de bordo...

QUEIJOS FERMENTADOS

QUEIJO DE CASTANHA DE CAJU

Este é um grande clássico entre os queijos veganos. Com esta base, podem ser preparadas inúmeras receitas de queijos. A textura é extremamente cremosa, e o sabor, muito agradável... Em resumo, uma receita imprescindível!

PARA 4 PESSOAS

- 125 g de castanhas de caju cruas • ½ xícara de rejuvelac (ver p. 13)
- ½ colher (chá) de sal • 2 colheres (chá) de levedura nutricional

Deixe as castanhas de caju de molho em água por 12 horas.
Escorra a água e descarte. Com um mixer, bata as castanhas e o rejuvelac. Transfira para um recipiente e deixe fermentar em temperatura ambiente por cerca de 48 horas (após 24 horas, verifique se o grau de fermentação e o gosto lhe agradam. Se o tempo estiver frio, a fermentação pode requerer mais de 48 horas. Nesse caso, verifique a cada 12 horas se o queijo já fermentou o suficiente).
Misture o sal e a levedura com o queijo e leve à geladeira.

Sugestão

Cubra o queijo com tomate seco e orégano, com ervas finas e azeite, com estragão, com endro ou páprica defumada, ou ainda com nozes.

Dica de receita

Abobrinha recheada, canelone com queijo de castanha de caju e verduras refogadas, patê de queijo com berinjela grelhada...

TOFU MISSOZUKE

Esta receita, tradicional da cidade de Fukuoka, no Japão, é pouco conhecida, apesar de ser extraordinária. O tofu é fermentado com marinada de missô. Quanto mais fermentar, mais cremoso e aromatizado o queijo vai ficar. Seus aficionados o comparam tanto ao queijo quanto ao foie gras. Muito difícil de encontrar pronto, até mesmo no Japão, entretanto, é fácil de preparar.

PARA 4 A 8 PESSOAS

- 2 pedaços de 125 g de tofu firme • 200 g de missô branco
- 2 colheres (sopa) de saquê • 2 colheres (sopa) de açúcar

Embrulhe os pedaços de tofu em papel-toalha e coloque um peso (um prato, por exemplo) sobre eles durante 1 hora, para o soro escorrer bem. Misture o missô com o saquê e o açúcar.

Uma vez que o tofu tenha sido drenado, retire o papel, embrulhe em uma gaze fina e espalhe a marinada em toda a volta do tofu.

Forre o fundo de um recipiente que tenha tampa com papel-toalha, coloque os dois pedaços de tofu e tampe. Reserve na geladeira. Para obter um bom tofu missozuke, são necessários 2 meses de fermentação. O papel-toalha deve ser trocado quando ficar muito úmido. Contudo, se não quiser esperar todo esse tempo, o tofu já ganha sabor e textura após uma semana, embora não fique tão macio. Retire a gaze e o resto do missô antes de consumir. Conserve na geladeira, em recipiente hermético.

Para obter um tofu com sabor e textura parecidos com os do tofu lactofermentado, a seguinte receita é rápida e bem fácil: cubra bem 125 g de tofu firme com missô branco, coloque em um recipiente hermético por 7–10 dias na geladeira, enxague o tofu e consuma em seguida! E, para ter um tofu de sabor bem pronunciado, misture missô escuro com missô branco (o missô escuro acentua o sabor do preparo).

Cuidado: O preparo não pode mofar. Se isso acontecer, descarte o tofu e refaça a receita.

SAUERKRAUT KÄSE

A originalidade deste queijo reside na utilização do caldo de chucrute lactofermentado para demolhar as castanhas de caju até ficarem impregnadas por seu gosto. O resultado é um queijo único, que é levado para secar no forno para ganhar firmeza. Fica muito macio por dentro.

PARA UM QUEIJO PEQUENO / 4 PESSOAS

- 100 g de castanhas de caju
- 1 xícara de caldo de chucrute, mais 3 colheres (sopa)
- 1 colher (sopa) de levedura nutricional • ½ colher (chá) de sal
- 2 colheres (sopa) de pasta de castanha de caju

Deixe as castanhas de caju de molho por uma noite no caldo do chucrute. No dia seguinte, escorra e descarte o suco. Bata as castanhas com as 3 colheres de caldo de chucrute restantes, a levedura, o sal e a pasta de castanha de caju.

Preaqueça o forno a 100 °C. Em uma assadeira forrada com papel-manteiga, coloque um aro de metal (cerca de 7 cm de diâmetro) e despeje a mistura. Aperte bem. Deixe assar no aro por 20 a 30 minutos. A superfície do queijo deve ficar seca, firme e dourada. Retire do forno, deixe esfriar e passe uma faca na lateral do aro antes de desenformar o queijo com cuidado.

O Sauerkraut Käse pode ser conservado na geladeira por 4 ou 5 dias.

QUEIJOS FERMENTADOS

QUEIJO COM DUAS PIMENTAS

Esta receita de queijo fresco remete a queijos do tipo boursin. Aqui, o tofu lactofermentado proporciona o sabor de queijo fresco e as castanhas de caju garantem a cremosidade.

PARA 4 PESSOAS

- ½ xícara de castanhas de caju cruas • 200 g de tofu lactofermentado marinado no tamari • ½ colher (chá) de pimenta-do-reino em grãos • ½ colher (chá) de pimenta rosa • ½ colher (chá) de sal • 4 colheres (sopa) de água • ½ colher (sopa) de suco de limão • ¼ de colher (chá) de alho em pó

PARA COBRIR O QUEIJO

- 2 colheres (chá) de pimenta-do-reino • 2 colheres (chá) de pimenta rosa

Deixe as castanhas de caju de molho em uma tigela com água por 2 horas.
Esfarele o tofu antes de colocá-lo com as castanhas de caju escorridas no processador equipado com lâmina S. Em um pilão, esmague a pimenta-do-reino e a pimenta rosa antes de acrescentá-las ao preparo do processador com o sal, a água, o suco de limão e o alho em pó. Bata todos os ingredientes até obter uma textura homogênea e espessa. Para moldar o queijo, forre com filme de PVC uma pequena tigela de fundo achatado ou um aro. Despeje o preparo na fôrma, apertando bem. Leve o queijo à geladeira por 30 minutos e desenforme em um prato. Triture as pimentas-do-reino e as pimentas-rosa e salpique-as na parte externa do queijo. Mantenha o queijo coberto na geladeira. Consuma em 48 horas.

Saiba mais

A pimenta rosa é o fruto da aroeira e não pertence à família das pimentas. O consumo excessivo pode ser tóxico, por isso, não deve ser ingerida em grande quantidade. Mas não há nenhum perigo em comer uma ou duas porções deste delicioso queijo. O tamari é um tipo de molho de soja sem glúten, originário da região de Chubu, no Japão.

Variação

Para uma versão mais cremosa, acrescente 1 ou 2 colheres (sopa) de água e transfira o queijo para uma pequena tigela (ou vidro) após bater o preparo.

QUEIJOS FERMENTADOS

LINGOTE ITALIANO

Esta surpreendente receita de queijo de castanha de caju moldado em pequenas barras leva polenta. A receita não contém glúten e é perfeita para um brunch e como tira-gosto.

PARA 2 BARRAS / DE 2 A 4 PESSOAS

- 100 g de castanhas de caju cruas • 75 g de rejuvelac (ver p. 13)
- ¼ de colher (chá) de pimenta-vermelha em pó • ¼ de colher (chá) de sal
- 2 colheres (chá) de cebola em pó • ½ colher (chá) de alho em pó
- 4 tomates secos picados • 2½ colheres (sopa) de levedura nutricional
- 2 colheres (sopa) de polenta pré-cozida

Deixe as castanhas de caju de molho em água de 4 a 12 horas. Escorra a água e descarte. Com o mixer, bata as castanhas com o rejuvelac. Deixe fermentar em uma tigela em temperatura ambiente por cerca de 48 horas.

Em seguida, junte a mistura de castanhas com os demais ingredientes, misturando bem. Forre duas fôrmas para minibolo inglês com papel-manteiga e leve ao forno a 180 °C por 15 minutos. Desenforme e consuma o queijo em fatias, frio ou morno.

Como servir

Perfeito para acompanhar salada de rúcula ou espetinhos de azeitona verde e tomate-cereja.

QUEIJOS FERMENTADOS

CROTTIN DE AMÊNDOAS

A textura do queijo de amêndoas é especialmente adequada para se fazer os pequenos crottins veganos, de aparência semelhante à do famoso queijo francês de cabra do mesmo nome, cozidos no forno e aos quais se acrescenta farinha de amêndoa para um resultado surpreendente.

PARA 6 CROTTINS
- uma receita de queijo de amêndoas (ver receita na p. 36)
- 100 g de farinha de amêndoa

OPCIONAL
- 1 colher (chá) de cebola em pó • ¼ de colher (chá) de alho em pó
- ervas finas a gosto • páprica a gosto • pimenta-do-reino moída na hora

Misture o queijo de amêndoas com 80 g de farinha de amêndoa. Para obter um gosto mais pronunciado, acrescente a cebola, o alho, as ervas finas, a páprica e a pimenta-do-reino. Adicione sal se for preciso. Molde 6 pequenas bolas e envolva os queijos com o resto da farinha de amêndoa. Achate-os levemente com as mãos e deixe as laterais arredondadas. Coloque os crottins em uma assadeira forrada com papel-manteiga e leve ao forno para cozinhar de 5 a 10 minutos a 180 ºC.
Coma os queijos frios ou quentes, como se fossem queijos de cabra.

Como servir

Sobre torradas; esfarelado na salada ou em sanduíches; acompanhado com figos, geleia de frutas vermelhas, chutney ou azeitonas. Estes crottins também podem ser usados em tortas salgadas ou em pizzas.

QUEIJO DE KOMBUCHÁ

Bebida ligeiramente efervescente, conhecida por suas virtudes probióticas e desintoxicantes, o kombuchá é usado aqui por seu gosto fermentado e acidulado peculiar, dando a este queijo um sabor surpreendente.

PARA 4 PESSOAS

- 75 g de castanhas de caju • 1¼ xícara de kombuchá natural
- 4 colheres (chá) de ágar-ágar • 3 colheres (chá) de fécula de mandioca (tapioca)
- 2 colheres (sopa) de levedura nutricional • 5 colheres (sopa) de óleo de coco refinado
- 1 colher (chá) de sal • 1 colher (chá) de mostarda

Deixe as castanhas de caju de molho em água de 6 a 12 horas. Escorra a água e descarte. Com o mixer, bata as castanhas com ¾ de xícara do kombuchá.
Em uma panela, misture com o batedor o restante do kombuchá com os demais ingredientes. Incorpore aos poucos a mistura de castanhas e cozinhe em fogo alto por 4–5 minutos (não cozinhe muito para que o óleo não se separe dos outros ingredientes, o que impossibilitaria a produção do queijo).
Despeje o preparo em dois aros ou duas fôrmas levemente untadas. Deixe na geladeira por 2–3 horas para ficar firme e desenforme antes de servir.
Pode ser conservado na geladeira por 2 dias.

Saiba mais

Atualmente, o kombuchá encontrado em lojas de produtos naturais ou pela internet substitui perfeitamente o kombuchá caseiro.

Dica de receita

Esta receita é básica. Para queijos de gosto mais pronunciado, acrescente alho e cebola em pó, ervas finas, especiarias, pimentões grelhados, tomates e figos secos, conforme o gosto. E, para um queijo mais suave, substitua o kombuchá por kefir, outra bebida fermentada, de sabor mais ameno e levemente cítrico.

ESPECIALIDADES
CASEIRAS

QUEIJO COM HOMUS

Associar homus e queijo pode parecer estranho, mas é possível criar um patê de gosto incrível, substituindo o tahine (pasta de gergelim) por pasta de castanha de caju e acrescentando levedura. Esta receita, que fica pronta em poucos minutos, tem o verdadeiro sabor de queijo.

PARA UMA TIGELA / DE 2 A 4 PESSOAS

- 250 g de grão-de-bico cozido • 4 colheres (sopa) de pasta de castanha de caju
- 1 a 2 dentes de alho picados • 2 colheres (sopa) de suco de limão
- ¼ de colher (chá) de sal • 4 colheres (chá) de levedura nutricional
- 1 colher (sopa) de azeite • 4 colheres (sopa) de água

Coloque todos os ingredientes no processador com lâmina S, ou use o mixer, e bata até obter uma textura lisa, cremosa e espessa (se necessário, acrescente 1 ou 2 colheres de água).

Dica de receita

Ao servir, regue com um fio de azeite e uma pitada de zátar (condimento à base de gergelim, ervas, sumagre e sal), se for usar como patê. É perfeito com pão sírio tostado no forno, couve-flor assada ou frita, ou então para fazer sanduíches, wraps e hambúrgueres veganos, ou sobre torradas e até pizzas já assadas.
Quente, é perfeito para rechear tortas salgadas ou abobrinhas cortadas no sentido do comprimento.

QUEIJO DE FIGO E NOZES

Esta é uma combinação original e clássica. Pode ser realizada com figos verdes ou pretos conforme a estação. Aqui, a combinação de castanha de caju, tempeh e tofu lactofermentado dá um sabor específico a este queijo suave, porém bem aromatizado.

PARA 4 PESSOAS

- 100 g de castanhas de caju cruas • 70 g de óleo de coco refinado
- 150 g de tofu lactofermentado marinado com tamari (molho de soja sem glúten)
- 50 g de tempeh natural • 1 colher (chá) de sal • 3 colheres (chá) de cebola em pó
- 3 colheres (sopa) de suco de limão • 1 colher (sopa) de missô branco
- 20 g de nozes • 2 figos frescos

Deixe as castanhas de caju de molho em água de 4 a 12 horas. Derreta o óleo de coco em banho-maria.

Escorra a água das castanhas antes de batê-las no mixer com o tofu e o tempeh previamente esfarelados, o sal, a cebola, o suco de limão, o missô e o óleo de coco. Acrescente as nozes trituradas e os figos cortados fino e misture delicadamente com um garfo. Pode ser conservado na geladeira por até 3 dias.

Dica de receita

Perfeito com pão integral tostado ou então com algumas fatias de figo salteadas na frigideira, acompanhadas de folhas verdes, maçã, uvas-passas, óleo de nozes e vinagre balsâmico.

ESPECIALIDADES CASEIRAS

QUEIJO CREMOSO
COM ECHALOTA
E CIBOULETTE

A ciboulette, ou cebolinha-francesa, tem sabor mais delicado que a cebolinha comum, assim como a echalota. A combinação desses sabores é perfeita! Esta receita resulta em um queijo muito cremoso, ideal para passar no pão.

PARA UMA TIGELA / DE 2 A 4 PESSOAS

- 85 g de castanhas de caju • 100 g de tofu lactofermentado natural
- 1½ colher (sopa) de suco de limão • ½ colher (chá) de sal
- 2 colheres (sopa) de água • 1 colher (sopa) de echalota picada
- 3 colheres (chá) de cebolinha-francesa picada fino

Deixe as castanhas de caju de molho em água de 4 a 12 horas. Escorra a água e descarte. Bata com um mixer as castanhas com o tofu previamente esfarelado, o suco de limão, o sal e a água. Em seguida, incorpore os temperos com um garfo. Leve à geladeira até servir.

Dica de receita

Além de ser perfeito para passar no pão, este queijo fresco pode ser usado em várias receitas: intercalado com camadas de tartare de legumes; em lasanha; em sanduíches; com fatias de berinjela grelhadas; para rechear folhas de massa brick; ou para realçar o sabor de sopas.

Variação

Com a base deste queijo, pode-se obter outros queijos saborosos. Veja algumas combinações bem interessantes: pesto; pimenta-do-reino e hortelã; endro e limão; curry e sementes de cominho; avelãs e frutas secas; alho e tomilho fresco...

ESPECIALIDADES CASEIRAS

FONDUE COM VINHO BRANCO

Seria uma pena privar-se de uma receita clássica da culinária francesa, ainda mais quando esta versão vegana é deliciosa e de fácil preparo. Aqui, a pasta de castanha de caju tem cremosidade inigualável.

PARA 4 A 6 PESSOAS

- 2 xícaras de leite de soja • ⅔ de xícara de vinho branco orgânico e vegano
- 1 colher (chá) de sal • 1 colher (chá) de alho em pó
- 2 colheres (sopa) de fécula de batata
- 9 colheres (sopa) de pasta de castanha de caju
- 4 colheres (sopa) de óleo vegetal neutro (não óleo de coco)
- 2 colheres (sopa) de levedura nutricional

Bata todos os ingredientes no processador.

Em seguida, transfira a mistura para uma panela média e cozinhe em fogo alto por 5 minutos, mexendo sem parar. Ela vai ficar mais espessa e cremosa, e parte do álcool vai evaporar no cozimento.

Sirva o queijo imediatamente, de preferência em uma panela para fondue preaquecida, acompanhado de pedaços de pão, batatas ou frios veganos de acordo com sua preferência.

Dica de receita

Esta fondue é perfeita para rechear batatas ao forno ou para preparar couve-flor gratinada.

Saiba mais

Embora de origem vegetal, o vinho nem sempre é vegano. Pode ter sido filtrado com matérias animais como gelatina, clara de ovo, cola de peixe ou ainda caseína (proteína de leite). Essas matérias são usadas para "colar" as impurezas e facilitar a filtragem. Felizmente, é possível encontrar vinhos que não utilizam matérias animais. Informe-se diretamente com os produtores ou compre pela internet em lojas especializadas em vinho vegano.

ESPECIALIDADES CASEIRAS

TIJOLINHO
DE TEMPEH

O tempeh é feito a partir de grãos de soja com um fermento que produz um tipo de bolor parecido com aquele encontrado nos queijos. Portanto, os queijos com base nesse produto ainda são pouco conhecidos.

PARA UM QUEIJO PEQUENO / 4 PESSOAS

- 125 g de tempeh natural • ¾ de xícara de leite de soja
- ¼ de xícara de óleo vegetal neutro • 1 colher (sopa) de missô branco
- 2 colheres (sopa) de levedura nutricional
- 2 colheres (sopa) de pasta de castanha de caju
- 1 colher (sopa) de cebola em pó • ½ colher (chá) de sal
- 2 colheres (chá) de suco de limão • 4 colheres (chá) de ágar-ágar

No processador, bata o tempeh previamente esfarelado com metade do leite de soja, o óleo, o missô, a levedura, a pasta de castanha de caju, a cebola em pó, o sal e o suco de limão.

Em uma panela pequena, misture o restante do leite de soja com o ágar-ágar e cozinhe em fogo alto por 2 minutos. A textura vai ser de creme um pouco gelatinoso. Incorpore esse preparo aos ingredientes já processados e bata de novo. Acerte o sal e a levedura conforme o gosto.

Transfira a mistura para uma pequena fôrma quadrada ou retangular. Leve à geladeira por 2 horas para ficar firme. Desenforme.

Coloque o queijo sobre uma folha de papel-manteiga e leve para desidratar no desidratador por 5 horas ou em forno de convecção a 40 °C.

ESPECIALIDADES CASEIRAS

QUEIJO COM SEMENTES E PINOLI

Este queijo de textura macia é extremamente rico em ômega-3 por causa da linhaça e das sementes de cânhamo.

PARA 6 PESSOAS

- 30 g de pinoli • 1 colher (sopa) de tahine (pasta de gergelim)
- 2 colheres (sopa) de pasta de castanha de caju • 100 g de tofu lactofermentado natural
- 70 g de tremoços na salmoura descascados • 3 colheres (chá) de levedura nutricional
- 2 colheres (chá) de suco de limão • 2 colheres (chá) de cebola em pó
- 2 colheres (chá) de sal • ½ colher (chá) de alho em pó • 2 colheres (sopa) de água
- ⅔ de xícara de leite de soja • 4 colheres (chá) de ágar-ágar
- 4 colheres (chá) de linhaça dourada • 4 colheres (chá) de gergelim preto

No processador ou com o mixer, bata os pinoli, o tahine, a pasta de castanha de caju, o tofu previamente esfarelado, o tremoço, a levedura, o suco de limão, a cebola, o sal, o alho e a água até obter uma pasta espessa e granulosa.
Em uma panela, misture o leite de soja com o ágar-ágar e leve para ferver por 2 minutos, mexendo sem parar.
Misture os dois preparos e incorpore as sementes. Molde pequenas bolas, ou barras, e envolva o queijo em uma mistura de sementes de gergelim e linhaça. Conserve na geladeira.

ESPECIALIDADES CASEIRAS

MOLHO
PARA NACHOS

Este molho com cheddar pode ser usado como patê ou para gratinar no forno, garantindo um resultado delicioso.

PARA UMA TIGELA / DE 4 A 6 PESSOAS

- 200 g de cheddar de pimentões tostados (ver p. 26) • 1½ xícara de leite de soja
- 1½ colher (sopa) de amido de milho • 3 colheres (sopa) de óleo vegetal neutro
- molho apimentado • sal • pimenta tipo jalapeño (ou pimenta-verde suave)

Usando o processador ou o mixer, bata o cheddar previamente picado com o leite de soja, o amido de milho e o óleo. Tempere a gosto com o molho apimentado e o sal. Despeje o preparo em uma panela pequena e deixe cozinhar em fogo alto por 5 minutos até o molho ficar espesso. Ao esfriar, o molho tende a endurecer ou ressecar. Nesse caso, bata um pouco com o mixer.
Sirva salpicando finas fatias de jalapeño ou incorpore diretamente no molho uma pimenta picada, conforme o gosto.

Dica de receita

Este delicioso molho vai bem com chips de milho ou para rechear tortilhas, gratinar enchiladas ou burritos no forno. E também, claro, para gratinar um prato de nachos! Basta cobrir os nachos com molho antes de levá-los ao forno para gratinar por 5 minutos.

ESPECIALIDADES CASEIRAS

KIMCHEESE

Mesmo sem conhecer o kimchi, você vai se apaixonar por este prato coreano de legumes fermentados e entender minha ideia, um tanto estranha, de querer incorporá-lo a um queijo. Quem gosta de kimchi quer usá-lo em tudo!

PARA 6 A 8 PESSOAS

- 200 g de castanhas de caju cruas • 100 g de óleo de coco refinado
- 1½ colher (sopa) de suco de limão • ½ colher (chá) de alho em pó
- ½ colher (chá) de cebola em pó • 75 g de kimchi drenado (ver p. 72)
- 1 colher (sopa) de suco de kimchi • ½ colher (chá) de sal
- 1 colher (sopa) de missô branco

Deixe as castanhas de caju de molho na água de 4 a 12 horas.
Derreta o óleo de coco em banho-maria. Escorra a água das castanhas de caju antes de batê-las por alguns minutos no processador, ou com o mixer, junto com os demais ingredientes. Despeje o preparo em uma ou várias fôrmas ou aros de metal e deixe na geladeira por 6 horas para ficar firme antes de utilizar.

ESPECIALIDADES CASEIRAS

QUEIJO
COM AZEITONAS
E ALECRIM

Esta receita de queijo fresco drenado, com um toque provençal, é fácil de preparar e requer poucos ingredientes.

PARA 2 A 4 PESSOAS

- 75 g de castanhas de caju • 200 g de iogurte de soja
- 1 colher (sopa) de suco de limão • ½ colher (chá) de sal
- 40 g de azeitonas verdes sem caroço e picadas • alecrim a gosto
- pimenta-do-reino moída na hora a gosto

Deixe as castanhas de caju de molho de 4 a 12 horas. Escorra a água e bata as castanhas com o iogurte. Acrescente o suco de limão e o sal e despeje o preparo em uma peneira fina forrada com um pano. Dobre as bordas do pano e feche bem. Coloque a peneira sobre uma tigela grande e deixe escorrer por 6–12 horas. Em seguida, transfira para uma tigela e incorpore as azeitonas, o alecrim e a pimenta-do-reino a gosto.

MINHA RECEITA DE BAECHU KIMCHI

PARA UMA TIGELA / DE 4 A 6 PESSOAS

- 1 acelga • sal marinho • 1 cenoura • 1 punhado de rabanetes • 2 cebolinhas
- 2 talos de salsão • 4 colheres (chá) de gengibre ralado
- 2 dentes de alho grandes picados • 2 colheres (sopa) de pasta de pimenta
- 4 colheres (sopa) de açúcar não refinado
- 4 colheres (sopa) de tamari (molho de soja sem glúten) • água filtrada

Corte a acelga em 4 no sentido do comprimento, coloque os pedaços em um prato, cubra com sal marinho, espalhando bem o sal entre as folhas. Cubra com um pano limpo e deixe descansar por 12–14 horas.

Lave três vezes as folhas de acelga na água para retirar o excesso de sal. Corte as folhas em tiras grandes e coloque numa tigela. Corte os demais legumes em tiras finas antes de adicioná-los à acelga.

Acrescente o gengibre, o alho e a pasta de pimenta e misture com as mãos (use luvas para se proteger do cheiro e da pimenta). Adicione o açúcar e o tamari, misture bem e transfira para um vidro de boca larga. Aperte bem a mistura e cubra com água filtrada.

Os legumes não devem ficar em contato com o ar. Escolha um vidro bem hermético para evitar o desenvolvimento de bactérias nocivas. Tampe sem apertar demais.

Deixe o kimchi fermentar por 3 ou 4 dias ou 1 semana, no máximo. Prove. Os legumes devem estar tenros e acidulados. Se um cheiro estranho (de bolor, por exemplo) aparecer, descarte o kimchi. O cheiro do kimchi é forte pela presença marcante da acelga, do alho e do gengibre, porém não é ruim. Coloque o vidro de kimchi na geladeira, tendo o cuidado de tampar hermeticamente para evitar os cheiros. Deve ser consumido em 2 meses após a abertura.